Thüringer Küche

Traditionelle Gerichte neu entdecken

EDITION XXL

Inhalt

Vorwort

Wer kennt sie nicht, die Thüringer Rostbratwurst, das Rostbrätel oder die Lebkuchen? Neben diesen bekannten Leckerbissen hat die gutbürgerliche Küche Thüringens noch so einiges mehr zu bieten. Herzhafte Fleischgerichte sowie Wurst- und Wildspezialitäten betonen den Speiseplan und werden typischerweise mit einem eiskalten Bier genossen.

Frisches, saisonales Gemüse spiegelt den Reichtum hiesiger Obst- und Gemüseanbaugebiete wider und ergänzt die deftigen Speisen. Wer Süßes mag, wird die Nachspeisen aus Thüringen ebenfalls lieben. Blechkuchen, in zahlreichen Variationen, ist neben Schittchen und Schleizer Bamser ein typischer Gaumenschmaus für die Region.

Dieses Buch bietet Ihnen einen umfangreichen Einblick in köstliche Originalrezepte aus dem thüringischen Land – ursprünglich und dennoch fantasievoll – die nur darauf warten, von Ihnen ausprobiert zu werden.

Lassen Sie sich von traditioneller Hausmannskost begeistern und entdecken Sie die Köstlichkeiten der thüringischen Küche – mal deftig, mal süß, aber auf jeden Fall immer lecker.

Viel Spaß beim Nachkochen und Genießen!

Hüllerchen

Eine herzhafte Zwischenmahlzeit, die in Thüringen zum Frühstück, aber auch ebenso gerne zum Nachmittagskaffee verspeist wird.

Zutaten für 4 Personen

750 g Kartoffeln
3 EL Kartoffelmehl
500 g Zwiebeln
250 g durchwachsener Speck
100 g Butter
Salz

Zubereitung

1. Die Kartoffeln schälen, waschen und in Salzwasser gar kochen. Danach abgießen und mit dem Stampfer zerdrücken. Das Kartoffelmehl und etwas Salz unter ständigem Rühren zugeben, bis sich der Teig leicht zieht.

2. Die Zwiebeln abziehen und in Würfel schneiden. Den Speck ebenfalls würfeln. Die Butter leicht erhitzen und die Zwiebel- und Speckwürfel darin anbraten.

3. Aus der Kartoffelmasse kleine Bällchen formen, diese in die Specksoße geben und unter ständigem Rütteln so lange backen, bis sie glasig aussehen. Die Hüllerchen zu frisch gebrühtem Kaffee servieren.

Mosbacher *Jägerfrühstück*

Jäger und Holzfäller waren und sind Frühaufsteher und dürften einem kräftigen Frühstück schon zugetan sein. Das Mosbacher Jägerfrühstück kann natürlich ebenso als eine rustikale Abendmahlzeit aufgetischt werden.

Zutaten für 4 Personen

- 30 g Butter
- 400 g Schinkenspeck in Scheiben
- 4 Scheiben Vollkornbrot
- 1 Bund Schnittlauch
- 4 Eier
- 4 mittelgroße Äpfel
- 1 Gläschen Meerrettich

Zubereitung

1. Die Butter in einer Pfanne erhitzen, den Schinkenspeck von beiden Seiten darin anbraten und dann auf die Brotscheiben legen.
2. Den Schnittlauch waschen, trocken schütteln und in feine Ringe schneiden. Die Eier mit dem Schnittlauch verrühren und in der Pfanne Rühreier braten. Gleichmäßig auf dem Schinken verteilen.
3. Die Äpfel waschen, vierteln, entkernen und sternförmig an die Brotscheiben anlegen. In die Mitte einen Löffel scharfen Meerrettich geben.

Thüringer **Bratmaul**

Neben der allseits beliebten Thüringer Rostbratwurst hat auch die ostdeutsche Variante des Hotdogs viele Freunde in Thüringen.

Zutaten für 8 Personen

8 Weizenbrötchen
8–10 EL Mayonnaise
8 Wiener Würstchen
8 Scheiben Schnittkäse

Zubereitung

1. Die Brötchen auf einer Seite einschneiden und die untere Hälfte mit einem Klecks Mayonnaise bestreichen.

2. Je ein Wiener Würstchen in eine Scheibe Käse einwickeln und in eines der vorbereiteten Brötchen legen.

3. Die belegten Brötchen im vorgeheizten Backofen langsam grillen, bis der Käse cremig zerläuft.

Tomatensalat mit Rotwurst

Unter den Salatgemüsen besitzt die Tomate einen privilegierten Rang in der Thüringer Küche. Serviert mit Rotwurst entsteht ein ausgefallener Salat, der in Thüringen viele Liebhaber hat.

Zutaten für 4 Personen

400 g Tomaten
200 g Fleischblutwurst (Rotwurst)
2 mittelgroße Zwiebeln
2 EL Branntweinessig
2–3 EL Öl
1 Bund Petersilie und Schnittlauch
2 gekochte Eier
Zucker
Salz
Pfeffer

Zubereitung

1. Die Tomaten waschen, vom Blütenansatz befreien und je nach Größe in 4–6 Ecken schneiden. Die Fleischblutwurst enthäuten und in ca. 1 cm große Würfel schneiden. Die Wurst und die Tomaten nun vorsichtig vermischen.

2. Die Zwiebeln abziehen, in Scheiben schneiden und zu den Tomatenecken und Wurstwürfeln geben. Danach alles mit dem Essig, dem Öl, etwas Zucker, Salz und Pfeffer pikant abschmecken und kühl stellen.

3. Vor dem Servieren die Petersilie und den Schnittlauch waschen, trocken schütteln und fein hacken bzw. in Ringe schneiden. Anschließend die gekochten Eier schälen und achteln. Am Schluss alles zusammen mit dem Salat anrichten.

Kochkäse
Brand-Matten

Ein altes Hausrezept, das daran erinnert, dass Thüringen frühzeitig schon Käseland war und viele Käsereien hatte.

Zutaten für 4 Personen

750 g Magerquark
375 ml süße Sahne
3 EL ganzer Kümmel und weitere Gewürze nach Wahl
6 EL Butter
Salz

Zubereitung

1. Den Quark in einer Tonschüssel 3–4 Tage mit einem feuchten Leinentuch abgedeckt warm stellen. Wenn sich der Quark mit einer leichten käseartigen Schicht überzogen hat, die süße Sahne und die Gewürze hinzufügen und zu einer glatten Masse verrühren.

2. Den Quark mit den Gewürzen in einem entsprechenden Gefäß unter ständigem Umrühren mit einem Holzlöffel bei kleiner Hitze erwärmen, bis die Masse anfängt, dick zu werden.

3. Die Butter schmelzen, unter den gekochten Käse ziehen und weiterköcheln lassen, bis der Käse glänzt und sich vom Topfboden löst. Die Masse mit Salz abschmecken, in eine Schüssel umfüllen und erkalten lassen.

Durch die Verwendung verschiedener Gewürze lassen sich interessante Geschmacksnuancen herstellen. Versuchen Sie es doch einmal mit Paprika, Majoran, gestoßenem schwarzem Pfeffer oder Knoblauch.

Erfurter *Puffbohnensalat*

Es ist noch gar nicht so lange her, da galten die Erfurter zu Recht als große Freunde der Puff-, Buf- oder Ackerbohne. Ihre Vorliebe für diese Hülsenfrucht brachte ihnen den über Thüringens Grenzen hinaus bekannten Spitznamen „Erfurter Bufbohnen" ein.

Zutaten für 4 Personen

500 g Puffbohnenkerne
200 g Zwiebeln
1 Ei
2–3 EL Speiseöl
2 EL Essig
1 Bund Petersilie
Zucker
Salz
Pfeffer

Zubereitung

1. Die Puffbohnen in Salzwasser aufkochen, das Wasser abgießen, mit frischem Wasser ansetzen und die Bohnen langsam weich kochen. Kalt abspülen und gut abtropfen lassen.

2. Die Zwiebeln abziehen und in Würfel schneiden. In der Zwischenzeit das Ei 8 Minuten hart kochen, mit kaltem Wasser abschrecken, pellen und abkühlen lassen.

3. Für die Salatmarinade das Öl, den Essig, Zucker, Salz, Pfeffer, und die Zwiebelwürfeln miteinander verrühren. Dann das Ganze über die gekochten Bohnen gießen. Den Salat nun 1–2 Stunden kühl stellen.

4. Das gekochte Ei klein hacken. Die Petersilie waschen, trocken schütteln und ebenfalls fein hacken.

5. Den Bohnensalat in einem tiefen Teller anrichten und mit dem gehackten Ei und der gehackten Petersilie bestreuen. Dieser Salat schmeckt besonders gut, wenn ihm Streifen von Sülzfleischwurst beigemischt werden.

Schon seit dem Mittelalter ist die Saubohne, wie die Puffbohne im allgemeinen Sprachgebrauch oft genannt wird, ein beliebtes Nahrungsmittel. Sie ist besonders sättigend und reich an Nährstoffen, was sie damals zum idealen Arme-Leute-Essen machte. Hat man die Bohnen gekocht, sind sie regelrecht aufgepufft – und haben an Volumen zugenommen. So erhielten sie ihren Namen.

PEZIAL
RFURTER
Bush ist wieder
im Weißen Haus

Süß-saure *Linsensuppe mit Rotwurst*

Die Linsensuppe ist ein Paradebeispiel für echte Thüringer Hausmannskost.

Zutaten für 4 Personen

300 g Linsen
1 l Rinderbrühe
150 g Kartoffeln
30 g Speck
2 mittelgroße Zwiebeln
1 EL Mehl
2 EL Butter
200 g Thüringer Rotwurst
Essig
Zucker
Salz
Pfeffer

Zubereitung

1. Die Linsen waschen und in ca. 1 Liter kaltem Wasser 12 Stunden quellen lassen. Mit dem Einweichwasser und der Rinderbrühe zum Kochen bringen. Die Kartoffeln schälen, waschen und in Würfel schneiden. Nach ca. 30 Minuten die Kartoffelwürfel zu den Linsen geben und mit etwas Essig, Zucker, Salz und Pfeffer pikant abschmecken.

2. Den Speck würfeln, die Zwiebeln abziehen und in kleine Würfel schneiden. Beides glasig andünsten. Aus dem Mehl und der Butter eine helle Mehlschwitze herstellen. Die Linsen damit sämig binden, den Speck und die Zwiebeln hinzufügen und eventuell noch ein wenig nachwürzen.

3. Die enthäutete Rotwurst in nicht zu große Stücke schneiden und in eine Terrine oder in Teller geben, mit der heißen Suppe auffüllen und servieren. Dazu passt am besten eine dicke Scheibe Landbrot.

Zur süß-sauren Linsensuppe isst man traditionell Thüringer Rotwurst, möglichst aus eigener Schlachtung.

Brotsuppe
mit Leberwurst

Diese Traditionsvorspeise hat seit jeher ihren Platz in der Thüringer Küche. Sie ist wenig aufwändig und macht Appetit auf den nächsten Gang.

Zutaten für 4 Personen

1 Zwiebel
1 Stange Lauch
1 Karotte
1 kleines Stück Knollensellerie
30 g Schmalz
300 g Schwarzbrot
125 g Thüringer Hausmacher Leberwurst
1 ¼ l Fleischbrühe
1 Bund Petersilie
Kümmel
Knoblauch
Majoran
Salz

Zubereitung

1. Die Zwiebel abziehen und in Scheiben schneiden. Den Lauch putzen, waschen und in Streifen schneiden. Die Karotte und den Knollensellerie waschen, schälen und raspeln.

2. Das Schmalz in einem Topf erhitzen und darin die Zwiebelscheiben, die Lauchstreifen, die geraspelte Karotte und den Sellerie anschwitzen, mit etwas gehacktem Kümmel und Knoblauch würzen.

3. Das Brot zerbröseln oder in kleine Würfel schneiden. Die Leberwurst ebenfalls würfeln. Beides zum Gemüse dazugeben, mit Brühe auffüllen und ca. 20 Minuten kochen lassen. Mit wenig Salz und etwas Majoran würzen.

4. Die Petersilie waschen, trocken schütteln und vor dem Servieren fein gehackt über die Suppe streuen.

Weichen Sie einmal von der traditionellen Kombination ab und probieren Sie die gleiche Suppe mit Knackwurst: Sie werden diese Variante lieben.

WEIMARER
Thüringer Tagespost
Opel Kadett ist

Weimarer Zwiebelmarktsuppe

Auf dem Weimarer Zwiebelmarkt wird neben Zwiebelkuchen und Zwiebelzöpfen auch diese reichhaltige und würzige Suppe angeboten. Von hier aus hielt sie auch Einzug in die Thüringer Küche.

Zutaten für 4 Personen

6 mittelgroße Zwiebeln
100 g Kochsalami oder ähnliche Wurst
4 EL Öl
75 g Margarine
1 Apfel
1 ½ l Fleischbrühe
4 Brötchen
75 g Reibekäse
½ EL Essig
Petersilie
Zucker
Salz

Zubereitung

1. Die Zwiebeln abziehen und in Scheiben und die Wurst in Streifen schneiden. Beides in dem Öl und der Margarine goldgelb anschwitzen.

2. Den Apfel schälen, entkernen und fein reiben. Zusammen mit einer Prise Salz, Zucker und ½ EL Essig vermengen, mit Fleischbrühe auffüllen und mit etwas Salz abschmecken. Das Ganze so lange kochen, bis die Zwiebeln fast weich sind.

3. Die Brötchen längs halbieren, in Margarine knusprig braten und auf die Suppe geben. Danach die Petersilie waschen, trocken schütteln und fein hacken.

4. Vor dem Anrichten die Suppe mit Reibekäse und gehackter Petersilie bestreuen.

Statt des Brötchens schmeckt auch eine Scheibe gebuttertes Bauernbrot sehr gut zu der Suppe.

Sauerkrautsuppe

Kenner und Liebhaber der thüringischen Küche lassen sich ihr Sauerkraut nicht streitig machen. Es mundet nicht nur als Beilage, sondern auch in der Suppe.

Zutaten für 4 Personen

1 große Zwiebel
50 g Schweineschmalz
300 g rohes Sauerkraut
3 Wacholderbeeren
½ TL Kümmel
½ Lorbeerblatt
1 l kräftige Rinderbouillon
100 g Kartoffeln
100 g Vollkornbrot
1 EL Pflanzenöl
1 Bund Dill
250 g saure Sahne
Salz
weißer Pfeffer

Zubereitung

1. Die Zwiebel abziehen und in feine Würfel schneiden. Das Schweineschmalz erhitzen und die Zwiebelwürfel darin glasig dünsten. Das Sauerkraut klein hacken, mit den Gewürzen dazugeben und gut anschwitzen. Dann die Rinderbouillon auffüllen und auf kleiner Flamme fertig garen, doch das Kraut nicht zu weich werden lassen.

2. Die Kartoffeln schälen und reiben. Das Brot würfeln und in dem erhitzten Öl rösten. Den Dill waschen, trocken schütteln und klein hacken.

3. Kurz vor Ende der Garzeit die Suppe mit den geriebenen Kartoffeln binden, mit der sauren Sahne verfeinern und mit gerösteten Brotwürfeln und reichlich Dill bestreut servieren.

Sauerkraut entsteht durch Milchsäuregärung von Weißkohl. Es liefert vor allem im Winter wichtige Vitamine und Nährstoffe.

Heringskartoffeln

Früher bestand oft der ganze Küchenvorrat nur aus Hering und Kartoffeln. Was die Hausfrau daraus – mit einigen wenigen Zutaten und Fantasie – zu zaubern vermochte, davon zeugen auch diese Heringskartoffeln.

Zutaten für 4 Personen

750 g Kartoffeln
450 g Salzheringe
3–4 Zwiebeln
50 g Butter
3 EL Paniermehl
2 Eier
150–200 g saure Sahne
Salz
Pfeffer

Zubereitung

1. Die Kartoffeln kochen, pellen und abkühlen lassen. Danach in Scheiben schneiden.

2. Die Heringe wässern, ausnehmen, entgräten, abziehen und in Filetstücke schneiden. Alternativ können Sie beim Fischhändler Filets bestellen.

3. Die Zwiebeln abziehen, in Würfel schneiden und in ein wenig Butter goldgelb anschwitzen. Eine Backform ausbuttern, mit Paniermehl ausstreuen und lagenweise Kartoffelscheiben, Heringsstückchen und Zwiebeln einfüllen.

4. Den Backofen auf 180 °C (Umuft 160 °C) vorheizen. Die Eier mit der Sahne, dem Salz und dem Pfeffer verquirlen und gleichmäßig in die Backform gießen. Danach mit dem restlichen Paniermehl bestreuen, einige Butterflöckchen aus der restlichen Butter daraufsetzen und im vorgeheizten Backofen 30–40 Minuten backen.

Wie bei Arme-Leute-Essen üblich, kann man sie variieren, ohne dass der Charakter des Gerichtes verloren geht. Der Salzhering kann sich in diesem Fall also auch vom Bismarckhering oder auch vom Bückling vertreten lassen.

Karpfen in Braunbier

Eine der durchaus anspruchsvolleren und arbeitsaufwändigeren Karpfenspeisen aus dem thüringischen Land.

Zutaten für 4 Personen

1 mittelgroßer Karpfen
Saft von 1 Zitrone
100 ml Rotwein
200 g Karotten
100 g Knollensellerie
2 Flaschen Doppelkaramelbier
1 Zwiebel, mit Lorbeer und Nelken gespickt
80 g Butter
60–80 g geriebener Honigkuchen
40 g in Wasser eingeweichte Sultaninen
50 g gehackte Mandeln
Zucker
Essig
Salz
Pfeffer

Zubereitung

1. Den Karpfen halbieren, die Kiemen entfernen, die Fischhälften säubern und in 4 Teile zerlegen. Mit dem Zitronensaft, etwas Pfeffer und dem Rotwein marinieren und ca. 2 Stunden kühl stellen. In der Zwischenzeit die Karotten und den Sellerie waschen, schälen und in streichholzgroße Streifen schneiden.

2. In einem flachen Gargefäß den marinierten Karpfen einlegen, salzen und mit dem Bier und der restlichen Marinade unter Zugabe der gespickten Zwiebel übergießen. Kurz aufkochen und ca. 20 Minuten gar ziehen lassen.

3. Die Butter erhitzen und die Gemüsestreifen darin knackig anschwitzen. Den Karpfen aus dem Gargefäß nehmen und warm halten. Den Sud durch ein feines Sieb passieren, mit dem geriebenen Honigkuchen sämig binden, kurz aufkochen und die eingeweichten Sultaninen sowie die Gemüsestreifen unterziehen.

4. Die Karpfenstücke wieder in die fertige und nochmals nachgewürzte Soße geben und kurz erwärmen. Zum Servieren den Karpfen mit der Soße übergießen und mit den Mandeln bestreuen. Als Beilage eignen sich Petersilienkartoffeln.

Rindfleischwürfel
pikant geschmort

Mit diesem Gericht beweisen die Thüringer, dass Bier nicht nur gekühlt aus dem Glas schmeckt. Auch zum Verfeinern von Soßen ist es köstlich.

Zutaten für 4 Personen

500 g Rindergulasch
500 ml Bier
300 g Zwiebeln
100 g Schinkenspeck
Fleisch- oder gekörnte Brühe
100 g Tomatenmark
60 g Weizenmehl
Saft von 1 Zitrone
1 Bund Dill oder Petersilie
Paprika
Kümmel
Majoran
Salz
Pfeffer

Zubereitung

1. Das Rindergulasch abspülen und trocken tupfen. Die Fleischwürfel in einer Porzellanschüssel mit dem Bier 6 Stunden kühl stellen.

2. Die Zwiebeln abziehen und in Würfel schneiden. Den Schinkenspeck ebenfalls würfeln und mit den Zwiebeln in einem flachen Gefäß glasig anschwitzen. Danach die abgetropften Rindfleischwürfel hinzugeben, mit Salz, Pfeffer, Paprika, gehacktem Kümmel und einer Spur Majoran würzen, mit der Fleischbrühe ablöschen und zugedeckt auf kleiner Flamme oder im Backofen weich schmoren. Von Zeit zu Zeit etwas Wasser oder Brühe angießen. Die Flüssigkeit muss das Fleisch gerade bedecken.

3. Wenn die Rindfleischwürfel fast weich sind, das Tomatenmark unterziehen. Danach das Weizenmehl mit etwas Wasser verrühren und die Soße damit binden, den Zitronensaft hinzufügen und kurz durchkochen.

4. Den Dill bzw. die Petersilie waschen, trocken schütteln, fein hacken und vor dem Servieren über das Fleisch streuen. Lockerer Kartoffelbrei oder Butterreis als Beilage passen optimal.

Pfannenkloß

Ein kräftiges Gericht mit ausgezeichnet aufeinander abgestimmten Geschmackskomponenten. Aus der Unmenge thüringischer Kloßrezepte ragt dieses dadurch heraus, dass es auf die Zutat Kartoffel verzichtet.

Zutaten für 4 Personen

1 kg Schweinefleisch
1 kg Mehl
15 g Hefe
500 ml Milch
1 Ei
250 g Butter
20 Birnen
Muskat
Zucker
Salz
Pfeffer

Zubereitung

1. Das Schweinefleisch am Vortag mit einen Esslöffel Salz und etwas Pfeffer einreiben und ca. 12 Stunden gut durchziehen lassen.

2. Aus dem Mehl, der Hefe und 150 ml lauwarmer Milch einen Vorteig kneten und 45 Minuten gehen lassen. Dann die restliche Milch, das Ei, die Butter, 1 Teelöffel Salz und etwas Muskat zugeben, alles zu einem nicht zu festen Teig verkneten und diesen weitere 45 Minuten gehen lassen.

3. Die Birnen schälen und mit Zucker bestreuen. Dann in die Mitte einer großen, gut schließenden Pfanne das Schweinefleisch legen, auf die eine Seite den Teig, auf die andere die Birnen. Die Pfanne anschließend bis zur Hälfte mit kaltem Wasser füllen und in den Backofen schieben. Hier muss die Speise 3 Stunden bei mäßiger Hitze backen, sodass Kloß und Fleisch eine braune Kruste bekommen. Sollte die Soße zu sehr einkochen, etwas Wasser nachgießen.

Anstatt Birnen können Sie auch Äpfel verwenden. Hier sollten Sie jedoch vorab das Kerngehäuse entfernen.

Räuberspieße

Ob Lagerfeuer oder Holzkohlerost – Gegrilltes gehört in Thüringen zur romantischen Stimmung von Mahlzeiten in der Natur.

Zutaten für 4 Personen

2 Schweinelendchen
250 g Rauchfleisch
4 Bockwürste
1 Zwiebel
2 Gewürzgurken
2 dicke Scheiben Weißbrot
3 EL Öl
Paprika
Salz
Pfeffer

Zubereitung

1. Die Schweinelendchen abspülen, trocken tupfen und in kleine Scheiben schneiden. Danach leicht mit der Hand klopfen und mit Paprika, Salz und Pfeffer würzen. Das Rauchfleisch und die Bockwürste ebenfalls in Scheiben schneiden.

2. Die Zwiebel abziehen und in Stücke schneiden. Die Gewürzgurken in Scheiben schneiden und das Weißbrot würfeln.

3. Alles abwechselnd auf Spieße stecken – an beiden Enden sollte sich Brot befinden. Anschließend mit dem Öl einpinseln und auf dem Rost grillen.

Süß-saures
Schweinefleisch

Die ausgewogenen Zutaten in diesem Rezept geben dem Fleisch den süß-sauren Geschmack und lassen das Gericht zu einer pikanten Mahlzeit werden.

Zutaten für 4 Personen

2 Zwiebeln
500 g geräuchertes Schweinefleisch
Butterschmalz
ca. 1 l Fleischbrühe
1 Handvoll Korinthen
1 Lorbeerblatt
je 4–5 Pimentkörner und Wacholderbeeren
1 EL Mehl
Sirup
Essig
Salz
Pfeffer

Zubereitung

1. Die Zwiebeln abziehen und fein würfeln. Das Fleisch kurz auf beiden Seiten in Butterschmalz anbraten, die Zwiebeln dazugeben und goldgelb werden lassen.
2. Mit der Fleischbrühe aufgießen, die Korinthen, das Lorbeerblatt, die Pimentkörner, die Wacholderbeeren sowie Salz und Pfeffer hinzufügen und ca. 1 ½ Stunden garen lassen.
3. Das Mehl mit etwas Wasser anrühren und die Soße damit andicken, danach mit Sirup und Essig abschmecken. Dazu passen Kartoffelklöße.

Rhön-Schäfer-Essen

Ursprünglich ein Kirmes-Essen, kommt dieses Gericht bei den Thüringern noch heute regelmäßig auf den heimischen Esstisch.

Zutaten für 4 Personen

600 g Hammelfleisch vom Blatt oder Rücken, ohne Knochen
1 Knoblauchzehe
500 g Zwiebeln
1 Lorbeerblatt
Kümmel
gekörnte Brühe
Salz
Pfeffer

Zubereitung

1. Das Hammelfleisch abspülen, trocken tupfen und anschließend mit Salz und dem abgezogenen und zerdrückten Knoblauch würzen. Dann mit Hilfe eines Küchenfadens oder eines fertigen Netzes zur Rollbratenform wickeln.

2. Die Zwiebeln abziehen und in Scheiben schneiden.

3. Den Rollbraten in ca. 1 Liter Wasser mit den Zwiebelscheiben, dem Lorbeerblatt, Kümmel, Pfeffer und der gekörnten Brühe in einem geschlossenem Topf ca. 2 Stunden bei schwacher Hitze gar kochen. Dazu passen Kartoffelstampf und Rote-Bete-Salat.

Rostbrätel

Dieses Schweineschnitzel, das traditionell über Holzkohlefeuer auf dem Rost gebraten wird, ist in Thüringen so etwas wie der vornehme Verwandte der Rostbratwurst.

Zutaten für 4 Personen

2 Zwiebeln
4 dicke Schweineschnitzel
(à ca. 200 g)
helles Bier
Schmalz
Salz
Pfeffer

Zubereitung

1. Am Vortag die Zwiebeln abziehen und in Würfel schneiden. Diese mit dem Bier mischen und die Schnitzel darin über Nacht einlegen.

2. Die Schnitzel abtropfen lassen, mit Salz und Pfeffer kräftig würzen. In einer Pfanne das Schmalz erhitzen und die Schnitzel unter häufigem Wenden darin knusprig braun braten. Dabei öfter mit Bier bestreichen.

3. Die fertig gebratenen Schnitzel aus der Pfanne nehmen, das Fett ein wenig abtropfen lassen und mit scharfem Senf und Brot genießen.

Fuhrmannsbraten

Die Thüringer Fuhrleute brachten vor Jahrhunderten Gewürze, Weine oder Nordsee-Heringe nach Thüringen und kamen weit im Land herum. Vielleicht hatten sie eine Vorliebe für dieses Gericht, wenn sie unterwegs Rast hielten.

Zutaten für 4 Personen

50 g Schmalz
1,5 kg hohe Rippe vom Rind
150 g Suppengrün
1 Zwiebel
1 Tomate
1 Lorbeerblatt
4 Pimentkörner
1 TL gehackter Kümmel
1–2 EL saure Sahne
1–2 EL Mehl
Paprika
Salz
Pfeffer

Zubereitung

1. Das Schmalz in einem eisernen Schmortopf erhitzen. Das Fleisch salzen und pfeffern, mit Paprika einreiben und in dem heißen Fett beidseitig braun anbraten.

2. Nun das Suppengrün putzen, waschen und klein schneiden. Die Zwiebel abziehen und hacken. Beides mit dem Fleisch anrösten, dabei öfter umrühren. Anschließend die Tomate waschen, den Strunk entfernen, klein schneiden und mit den Gewürzen zugeben. Alles weiter kräftig anrösten, dann mit 375 ml Wasser angießen und für 1 ½ bis 2 Stunden schmoren lassen.

3. Das Fleisch herausnehmen. Die saure Sahne mit dem Mehl verrühren, den Fond damit eindicken und mit Salz und Pfeffer abschmecken. Die Soße durch ein Sieb gießen und in einer Sauciere extra servieren. Den Braten ergänzen vorzüglich Thüringer Klöße (Rezept Seite 53) und gedünsteter Lauch.

Anstatt mit Lauch ist der Fuhrmannsbraten auch mit Schwarzwurzelgemüse ein wahrer Genuss.

Stolzer *Heinrich*

Der Name dieser sauer eingelegten Thüringer Bratwürste ist vermutlich eine Anspielung auf die säuerliche Miene von König Heinrich IV bei seinem Gang nach Canossa.

Zutaten für 4 Personen

8 Bratwürste
20 g Butter
2 EL Mehl
250 ml Fleischbrühe
1 EL Essig
2 Lorbeerblätter
1 unbehandelte Zitrone
5–6 Kapern
50–60 ml Wein
Rosmarin
Ingwerpulver
Salz
Pfeffer

Zubereitung

1. Die Bratwürste halbgar braten. Die Butter in einer Pfanne zerlassen und das Mehl darin anbräunen. Etwas Fleischbrühe und Essig angießen, die Lorbeerblätter, etwas Rosmarin, Salz, Pfeffer und etwas Ingwerpulver zugeben und zusammen kochen.

2. In diese Soße die Bratwürste legen. Dann die Zitrone heiß abwaschen, gründlich trocken reiben und in Scheiben schneiden. Diese mit den Kapern und dem Wein in die Soße geben und alles bei schwacher Hitze kurz durchziehen lassen.

Gänsekeulen
in Rotwein geschmort

Ein Festmahl, das ganz besonderen Anlässen vorbehalten ist.

Zutaten für 4 Personen

4 Gänsekeulen
100 g Schmalz
2 mittelgroße Zwiebeln
1 großer Apfel
500 ml Rotwein
50 g Maisstärke
Beifuß
Butter
Salz
Pfeffer

Zubereitung

1. Die Gänsekeulen mit Salz, Pfeffer und Beifuß einreiben, dann im Schmalz von beiden Seiten gut anbraten und aus der Pfanne nehmen.

2. Die Zwiebeln abziehen. Den Apfel (inklusive Schale und Kerngehäuse) und die Zwiebeln in ca. 1 cm große Würfel schneiden und im Bratfett der Keulen anrösten. Mehrmals mit Wasser kurz ablöschen, damit die Soße eine schöne braune Farbe erhält.

3. Die Keulen wieder hinzugeben, den Rotwein angießen und zugedeckt weich schmoren. Die Soße leicht mit Maisstärke binden, etwas nachwürzen, passieren und je nach Geschmack mit einem walnussgroßen Stück Butter verfeinern.

Topfbraten

Dieses weit verbreitete, deftige Fleischgericht ist ganz bestimmt ein Abkömmling der traditionellen Hausschlachtung. Alles, was nicht weiterverarbeitet wurde, kam in den Topf und wurde zum schnell bereiteten Thüringer Topfbraten.

Zutaten für 4 Personen

3 Zwiebeln
250 ml Fleischbrühe
6 Pfefferkörner
4 dicke Scheiben Honigkuchen
1 kg Zunge, Schnauze, Backe, Niere, Herz, Ohr und einige Schwarten vom Schwein
½ unbehandelte Zitrone
Zucker
Weinessig
gemahlene Nelken
Salz

Zubereitung

1. Die Zwiebeln abziehen und in Ringe schneiden. Die Zwiebelringe anschließend mit ½ Teelöffel Zucker und ½ Teelöffel Salz in Weinessig kochen und dann zur Fleischbrühe gießen. Mit den Pfefferkörnern und gemahlenen Nelken würzen.

2. Den Honigkuchen fein reiben und der Brühe hinzufügen, bis die Soße sämig wird.

3. Das Fleisch in Stücke schneiden und in die Soße geben.

4. Die Zitrone waschen, in Scheiben schneiden und ebenfalls zur Soße geben. Das Ganze aufkochen und köcheln lassen, bis die Fleischteile bissfest sind. Nochmals mit Salz, Zucker und Essig abschmecken. Dazu rohe Kartoffelklöße, Klöße von gekochten Kartoffeln oder Mehlklöße servieren.

Anstatt Honigkuchen können Sie während der Adventszeit auch Lebkuchen verwenden. Das verleiht dem Topfbraten eine weihnachtliche Note.

Wickelhütes mit Kraut, Gemüs und Fleisch

Dieses Gericht ist sehr aufwändig, deshalb kocht man es in großen Mengen. Somit ist es das ideale Menü, wenn Sie mal viele Leckermäuler zum Essen einladen möchten.

Zutaten für 6–8 Personen

Für die Wickelhütes:
750 g Mehl
9 Eier
4 gekochte, durchgedrückte Kartoffeln
150 g Paniermehl (weitere 5 EL für das Gemüse)
200 g Margarine
Salz

Für Kraut, Gemüs und Fleisch:
1,25 kg gepökeltes Kammfleisch
Selleriegrün
2 Zwiebeln
1 Karotte
100 g Schmalz
500 g Sauerkraut
1 Lorbeerblatt
4–6 Wacholderbeeren
1 ½ kg Porree
5 EL Paniermehl
Schnittlauch
Majoran
Pfefferkörner
Zucker
Salz
Pfeffer

Zubereitung

1. Für die Wickelhütes das Mehl, die Eier (etwas Eigelb trennen und beiseitestellen) und die Kartoffeln mit Salz zu einem glatten Teig verarbeiten, ca. 15 Minuten ruhen lassen und dann dünn ausrollen.

2. Das Paniermehl in 100 g Margarine bräunen, den Rest der Margarine auf den Teig streichen und das Paniermehl darüber verteilen. Den Teig länglich formen, zusammenrollen und in Stücke von ca. 15 cm schneiden. Dann die Enden fest zusammendrücken und die Kanten mit Eigelb bestreichen.

3. Das Fleisch waschen und trocken tupfen. Das Selleriegrün waschen, trocken schütteln und klein schneiden. Eine der Zwiebeln abziehen und die Karotte schälen, beides in grobe Stücke schneiden und mit dem Fleisch und dem Selleriegrün in einen Topf geben. Mit etwas Majoran und einigen Pfefferkörnern gar kochen und warm halten.

4. Die zweite Zwiebel abziehen, klein schneiden und in dem Schmalz andünsten. Das Sauerkraut zugeben, die Pökelkammbrühe aufgießen und mit dem Loorbeerblatt und den Wacholderbeeren würzen. Wenn das Kraut kocht, die Wickelhütes darauf legen. Das Ganze zugedeckt ca. 40 Minuten garen lassen

5. Inzwischen den Porree gründlich putzen, waschen und in 2 cm große Stücke schneiden, kurz in kochendes Wasser geben, danach mit kaltem Wasser abschrecken. Den Porree in der Pökelkammbrühe gar kochen, 5 Esslöffel Paniermehl, Salz und Pfeffer hinzufügen und nochmals aufkochen.

6. Den Schnittlauch waschen, trocken schütteln und fein hacken. Vor dem Servieren die Portionen damit bestreuen.

Wickelhütes mit Kraut, Gemüs und Fleisch

Rehbraten in Rahmsoße

Wegen des hohen Preises für Wildfleisch ist Rehbraten auch heute noch ein exklusives Festessen.

Zutaten für 4 Personen

1 ½ kg Rehkeule oder -rücken
100 g fetter Speck
2 EL Öl
80 g Margarine
8–10 Wacholderbeeren
500 ml Fleischbrühe
1 Glas Rotwein
2 EL Mehl
1 EL Johannisbeer- oder Kirschkonfitüre
Zitronensaft
250 g saure Sahne
Salz
Pfeffer

Die Landsherren sorgten sich schon immer um einen guten Wildbestand, sodass die Jägerei den Speisezettel in Thüringen um so manchen Braten bereichert hat.

Zubereitung

1. Das Fleisch häuten, abspülen und trocken tupfen. Den kaltgelegten Speck in 3–4 cm lange, dünne Keile schneiden und damit das Fleisch gegen die Faserrichtung spicken. Anschließend mit Salz und Pfeffer einreiben. Den Backofen auf 180 °C (Umluft 160 °C) vorheizen.

2. Das Öl in einer Pfanne stark erhitzen und die Margarine hineingeben. Das Fleisch von allen Seiten unter häufigem Übergießen anbraten. Die Wacholderbeeren zerdrücken und zum Bratfett geben, danach die heiße Fleischbrühe und den Rotwein aufgießen. Die Pfanne zudecken und den Braten im vorgeheizten Backofen garen (Rehkeule 90 Minuten, Rehrücken 40 Minuten). Das Fleisch herausnehmen und warm stellen.

3. Den Bratensaft mit etwas Wasser loskochen, mit angerührtem Mehl binden, die Konfitüre dazugeben und aufkochen. Danach mit Salz, Pfeffer und Zitronensaft abschmecken.

4. Die saure Sahne unterrühren, nochmals aufkochen und die Soße durch ein Sieb passieren. Den Rehbraten in Scheiben schneiden, mit der Rahmsoße begießen, dazu Apfelrotkohl und Thüringer Klöße servieren.

Aschkloß

Ein sehr schmackhafter Vertreter aus der riesigen Familie der Thüringer Klöße. Die gebackene Variante ist ein Fantasieprodukt thüringischer Hausfrauen.

Zutaten für 4 Personen

800 g Kartoffeln
20 g Mehl
20 g Kartoffelmehl
150–200 g magerer gewürfelter Speck
2 Brötchen
125 ml Milch
2 Eier
Salz
Pfeffer

Zubereitung

1. Zunächst 300 g Kartoffeln kochen, pellen und erkalten lassen. Die restlichen rohen Kartoffeln reiben und in einem Säckchen auspressen. Dann die gekochten Kartoffeln durch die Presse drücken. Beide Kartoffelmassen mit dem Mehl, den Speckwürfeln und etwas Salz und Pfeffer gut durchkneten.

2. Den Kloßteig in eine gefettete Backform einfüllen, die Brötchen in Scheiben schneiden und darüber verteilen. Abschließend Milch und Eier mit etwas Salz glatt schlagen und über die Brötchenscheiben gießen. Die Backform bei mittlerer Hitze ca. 1 Stunde ausbacken. Stückchen aus dem Aschkloß schneiden und servieren. Passt sehr gut zu jeder Art von Braten.

Gebackener *Blumenkohl*

Von den vielen Zubereitungsvarianten für Blumenkohl ist diese in Thüringen eine der gebräuchlichsten. Da kann man getrost auf Fleisch verzichten.

Zutaten für 4 Personen

1 mittelgroßer Blumenkohl
ca. 1 l Speiseöl
3 EL Weizenmehl
2 Eier
200 g Brötchenkrumen
50 g Butter
Salz
weißer Pfeffer

Zubereitung

1. Den Blumenkohl putzen, waschen, in Röschen zerteilen und ca. 1 Stunde in kaltes Salzwasser einlegen. Danach in kochendes Wasser geben und gar ziehen lassen. Dabei sollen die Blumenkohlröschen nicht zu weich werden. Mit kaltem Wasser abschrecken und gut abtropfen lassen.

2. Das Speiseöl in einem tiefen Topf erhitzen. Den Blumenkohl mit dem Salz und dem weißem Pfeffer würzen. Anschließend mit dem Mehl, dem verrührten Ei und den Brötchenkrumen panieren und in dem heißem Speiseöl goldgelb ausbacken. (Das Öl kann danach weiterverwendet werden.)

3. Die Butter in einem weiteren Topf schmelzen und die gebackenen Blumenkohlröschen vor dem Servieren damit übergießen.

Gefüllte Gurken

Außer Fleisch lieben die Thüringer auch ihr Gemüse, wie diese leckere Kombination beweist.

Zutaten für 4 Personen

2 mittelgroße Salatgurken
1 kleine Zwiebel
250 g Hackfleisch
2–3 TL Speiseöl
1 Bund Dill oder Petersilie
50 g Butter
Paprika
Salz
Pfeffer

Zubereitung

1. Die Gurken waschen, schälen, längs halbieren, mit einem Kaffeelöffel vom Kerngehäuse befreien und in ca. 8 cm lange Stücke schneiden.

2. Die Zwiebel abziehen, in kleine Würfel schneiden und mit dem Hackfleisch vermengen. Die Gurkenhälften damit füllen und jeweils 2 Stücke mit den Schnittflächen zusammensetzen.

3. Den Backofen auf 180 °C (Umluft 160 °C) vorheizen. Alufolie mit Öl bestreichen, die Gurken darauf setzen und mit den gewaschenen und fein gehackten Kräutern bestreuen. Anschließend mit Butterflocken bedecken und fest einrollen. Besonders wichtig ist, dass die Enden der Folie dicht verschlossen sind, damit beim Garen auf dem Grill oder im Backofen der Fleischsaft nicht ausläuft. Die Garzeit beträgt ca. 15 Minuten.

Himmel und Aarn

Eines der zahlreichen einfachen Gerichte aus der alten thüringischen Küche. Es kam auf den Tisch, was Himmel und Erde eben hergaben – Hauptsache, es machte satt.

Zutaten für 4 Personen

500 g Kartoffeln
500 g Äpfel
50 g Speck
etwas süße Sahne
Salz

Zubereitung

1. Die Kartoffeln waschen, schälen, in Stücke schneiden und in gesalzenem Wasser halb weich kochen.

2. Die Äpfel waschen, entkernen, schälen und ebenfalls in Stücke schneiden. Die Apfelstücke zu den Kartoffeln geben und alles zusammen gar werden lassen.

3. Den Speck in einer heißen Pfanne auslassen.

4. Die gegarten Äpfel und Kartoffeln zerdrücken und mit dem Speck verrühren. Ein Schuss Sahne rundet das Ganze ab.

Gefüllte *Kartoffeln*

Die Kartoffel ist hier die Hauptzutat und zugleich „Gewand" für eine gehaltvolle und würzige Füllung. Angesichts der Zutaten, vor allem des in der thüringischen Küche vielfach verwendeten Schmands, ein leckeres Geschmackserlebnis.

Zutaten für 4 Personen

8 Kartoffeln
4 gewässerte und geputzte Salzheringe
1 mittelgroße Zwiebel
40 g Butter
1 Bund Schnittlauch
250 g Schmand
Zucker
Essig
Salz
Pfeffer

Zubereitung

1. Die Kartoffeln schälen, in Salzwasser fast gar kochen, abgießen und leicht abkühlen lassen. Danach längs halbieren und mit einem Kaffeelöffel die Kartoffelhälften vorsichtig aushöhlen.

2. Die Salzheringe putzen, abspülen und in nicht zu kleine Würfel schneiden. Die Zwiebel abziehen, in Scheiben schneiden und locker untermischen. Anschließend mit dem Pfeffer, etwas Zucker und dem Essig pikant würzen und kalt stellen.

3. Die ausgehöhlten Kartoffeln mit der Öffnung nach oben (eventuell etwas gerade schneiden) in eine feuerfeste Form oder auf ein Backblech setzen, mit Salz und Pfeffer würzen und mit Butterflocken darüber im Backofen oder im Grill bei Oberhitze erwärmen und leicht bräunen lassen.

4. Den Schnittlauch waschen, trocken schütteln und in feine Röllchen schneiden. Den vorbereiteten Hering in die Kartoffeln füllen und mit dem Schmand überziehen. Zum Schluss den Schnittlauch darüberstreuen.

Verzichtet man auf den Hering, ist dieses Gericht aus Kartoffeln auch eine tolle Mahlzeit für Vegetarier, die schnell und ohne viel Aufwand gezaubert ist.

Mahl-Zamette

Dieses Rezept mag sonderbar, ja fast exotisch wirken. Tatsächlich hat es in der thüringischen Küche jedoch schon sehr lange einen festen Platz.

Zutaten für 4 Personen

200 g Original Thüringer Knackwurst
200 g Zwiebeln
600 g Kartoffeln
2 Eigelb
50 g Mehl
400 g rohes Sauerkraut
4 Tassen schwarzer Bohnenkaffee
Muskat
Salz

Zubereitung

1. Die Knackwurst in Scheiben schneiden. Die Zwiebeln abziehen, würfeln und mit den Wurstscheiben anbraten.
2. Die Kartoffeln schälen, kochen und, nachdem das Wasser abgegossen ist, zerstampfen. Die Eigelbe, das Mehl, Muskat und Salz untermengen und aus der Masse kleine Kugeln von ca. 50 g formen.
3. Die Kartoffelklößchen mit der Knackwurst-Zwiebel-Mischung bräunen. Als geschmackliche Gegenpole das rohe Sauerkraut und eine Tasse schwarzen Bohnenkaffee dazu reichen.

Serviettenkloß

Wer zu einem saftigen Rinder- oder Schweinebraten oder zu Rouladen schon einmal den Serviettenkloß probiert hat, der wird gestehen: Es müssen nicht immer die „echten Thüringer“ sein.

Zutaten für 4 Personen

400 g altbackenes Weißbrot
500 ml Milch
4 Eier
1 Prise Muskat
Salz

Zubereitung

1. Das Weißbrot in kleine Würfel schneiden. Die Milch mit den Eiern verquirlen und mit dem Muskat und Salz würzen. Das Weißbrot mit der Eiermilch übergießen.

2. Wenn die Masse gut durchweicht ist, in ein ausgekochtes, feuchtes Geschirrtuch binden, welches so zusammengeknotet wird, dass dem Kloß zum Aufgehen Platz bleibt.

3. Über einen Löffelstiel in kochendes Salzwasser hängen und ca. 45 Minuten sieden lassen. Dazu passt Schmand.

Stärkknölle

Es gibt Hunderte von thüringischen Kloßrezepten – eines köstlicher als das andere. Und so manches Rezept bleibt das Geheimnis der Hausfrauen – doch nicht dieses.

Zutaten für 4–6 Personen

1 kg Kartoffeln
200 g Stärkemehl
2 Brötchen
80 g Butter
Salz

Zubereitung

1. Die Kartoffeln schälen und in Stücke schneiden. Danach in Salzwasser weich kochen, pürieren und heiß, aber nicht kochend in eine Schüssel gießen. Die Hälfte des Stärkemehls und etwas Salz darüberstreuen, kräftig rühren und dann den Rest der Stärke dazugeben.

2. Die Brötchen in Würfel schneiden und in der erhitzten Butter rösten. Aus dem Teig Klöße formen, in die Mitte die gerösteten Brötchenstückchen geben und die Klöße in heißem Wasser 20–25 Minuten gar ziehen lassen.

Grüner Schaffkuchen

Der Name dieses Gerichtes leitet sich vom sogenannten Schaffen, einem Tiegel, ab, in dem der Kartoffelkuchen gebacken wird.

Zutaten für 4 Personen

1,5 kg Kartoffeln
200 ml Milch
3 EL Mehl
2 Eier
250 g Speckwürfel
Salz

Zubereitung

1. Die Kartoffeln schälen, reiben und auspressen. Danach zusammen mit der Milch zum Kochen bringen. Dabei Salz, das Mehl und die Eier unter Rühren hinzufügen.

2. Die Speckwürfel in einer Pfanne anbraten und die Kartoffelmasse anschließend in die Pfanne drücken. Dieser „Kuchen" wird bei kleiner Flamme nur auf einer Seite gebacken, bis er fest ist. Damit er durchgart und nicht anbrennt, die Pfanne zudecken und gelegentlich leicht rütteln.

3. Zum Anrichten den „Kuchen" in Vierecke schneiden. Am liebsten essen die Thüringer Heidelbeerkompott dazu.

Thüringer *Klöße*

Ein Sonntag ohne Klöße ist kein Sonntag, so sagt man in Thüringen… Kommt der „echte" Thüringer Kloß auf den Teller, dann wird der Sonntagsbraten für die Thüringer zur Beilage.

Zutaten für 4 Personen

2 kg Kartoffeln
3 Weizenbrötchen
Milch
Butter
Salz

Zubereitung

1. Von den Kartoffeln 1 ½ kg schälen, waschen und auf einem Reibeisen in kaltes Wasser reiben. Dann das Wasser vorsichtig abgießen und so oft erneuern, bis es ganz klar ist.

2. Die restlichen Kartoffeln ebenfalls waschen, schälen, in Würfel schneiden und mit den Kartoffelresten, die beim Reiben übriggeblieben sind, kochen. Die garen Kartoffeln fein zerstampfen und mit etwas Milch zu einem dicken Brei verkochen.

3. Die rohen Kartoffeln durch ein Leinensäckchen ganz trocken auspressen und in eine Schüssel geben. Die Masse auflockern, Salz sowie den heißen Kartoffelbrei hinzugeben und alles gut miteinander vermengen. Anschließend Klöße formen.

4. Die Brötchen würfeln und in Butter rösten, diese in die Mitte jedes Kloßes füllen, die Klöße rund drehen, in kochendes Wasser geben und 15–20 Minuten ziehen, aber nicht kochen lassen. Sobald sie gar sind, servieren.

Einer Sage nach hat Frau Holle die Thüringer Klöße erfunden – angeblich um die Einwohner Thüringens für den sauren Saalewein zu entschädigen.

Zwiebelkuchen

Der Zwiebelkuchen wird nicht nur auf dem Weimarer Zwiebelmarkt angeboten – er ist in Thüringen überall ein Leckerbissen.

Zutaten für 4 Personen

300 g Mehl
100 g Margarine
1,4 l Milch
25 g Hefe
80 g Grieß
1 kg Zwiebeln
100 ml Öl
1 Ei
10 g Kümmel
Salz

Zubereitung

1. Das Mehl, die Margarine, 250 ml Milch, die Hefe und 1 Prise Salz zu einem Teig verarbeiten und diesen eine Stunde gehen lassen.

2. Aus dem Grieß, 1 Liter Milch und ½ Teelöffel Salz einen Brei kochen und abkühlen lassen.

3. Die Zwiebeln abziehen, raspeln und in dem Öl mit einer Prise Salz glasig dünsten.

4. Den Teig ausrollen, nochmals kurz gehen lassen, den Brei aufstreichen und die Zwiebeln darauf verteilen.

5. Den Backofen auf 200–220 °C (Umluft 180–200 °C) vorheizen. Das Ei mit 150 ml Milch verquirlen und über die Zwiebeln gießen, danach Kümmel darüberstreuen. Im vorgeheizten Backofen ca. 45 Minuten backen. Am besten schmeckt der Kuchen heiß aus dem Ofen.

Fügt man den Gemüsezwiebeln noch rote und Frühlingszwiebeln hinzu, erhält der Blechkuchen neben seinem hervorragenden Geschmack auch eine sehr ansprechende Optik.

Auflauf von Äpfeln und Brot

Eine von vielen Backideen, die im Zuge der Resteverwertung entstanden sind.

Zutaten für 4 Personen

500 g Brot (halb Schwarz- oder Grau-, halb Weißbrot)
125 g Zucker
etwas gestoßene Nelken und Zimt
500 g säuerliche Äpfel
125 g Butter
75 g Korinthen

Zubereitung

1. Das Brot wird zu drei Vierteln gerieben und mit der Hälfte des Zuckers und den Gewürzen vermischt. Das restliche Brot in Scheiben schneiden.

2. Die Äpfel waschen, entkernen und ebenfalls in Scheiben schneiden. Die Hälfte der Butter in einem Topf schmelzen.

3. Von der Brot-Gewürz-Masse wird eine Schicht in eine gefettete Form gegeben. Darauf legt man Butterflöckchen, dann die Apfelscheiben, die Korinthen und den Zucker, jeweils in Schichten. Die letzte Schicht bilden die Brotscheiben.

4. Den Backofen auf 200 °C (Umluft 180 °C) vorheizen. Zum Schluss wird der Auflauf mit zerlassener Butter beträufelt und für ca. 45 Minuten gebacken.

Schleizer *Bamser*

Wer gerne kräftig, reichlich und süß isst, der hat an diesem Gericht seine Freude. Es wird zwar in die Form von Nudeln gebracht, handelt sich aber letztlich um eine Abart des Kloßes.

Zutaten für 4 Personen

750 g gekochte Kartoffeln
750 g mürbe Äpfel
4 Eier
100 g Zucker
150–200 g Mehl
60–80 g Butter
etwas Butterschmalz
Salz
Zucker und Zimt
zum Bestreuen

Zubereitung

1. Die Kartoffeln pellen und durch die Kartoffelpresse drücken. Die Äpfel schälen, vom Kerngehäuse befreien und fein schneiden. 2 Eier trennen und das Eiweiß steif schlagen.

2. Die Kartoffeln mit den Äpfeln, den restlichen Eiern, dem Zucker und einer Prise Salz mischen und den Eischnee unterheben. So viel Mehl hinzufügen, dass sich aus der Masse 2–3 cm dicke Nudeln formen lassen.

3. In einer Pfanne die Butter erhitzen und die Nudeln darin backen. Mit zerlassener Butter begießen und im Backofen kurz überbacken. Mit Zucker und Zimt bestreuen und heiß servieren.

Kirschpfanne

Ob als kalter Snack für unterwegs oder frisch und heiß aus dem Ofen – dieser Auflauf lässt die Herzen von Naschkatzen höher schlagen.

Zutaten für 4 Personen

5 Eier
250 g Mehl
½ TL Backpulver
500 ml Milch
2–3 EL Butter
750 g entsteinte Kirschen
125 g Zucker
6–8 Brötchen
(in Scheiben geschnitten)
Zimt
Salz

Zubereitung

1. Die Eier trennen und die Eiweiße steif schlagen.

2. Das Mehl mit dem Backpulver, den Eigelben, einer Prise Salz und 300 ml Milch verquirlen. Danach das steif geschlagene Eiweiß vorsichtig unter den Teig rühren.

3. Den Backofen auf 180 °C (Umluft 160 °C) vorheizen. Die Hälfte des Teiges in eine gebutterte Springform oder eine feuerfeste Glas- oder Porzellanform füllen und ca. 8–10 Minuten im vorgeheizten Backofen vorbacken.

4. Die Kirschen mit 75 g Zucker vermischen, auf dem leicht gebackenen Teig verteilen und den restlichen Teig darüber gießen. Die Brötchenscheiben in die restliche Milch tauchen und den Teig damit belegen. Zum Schluss noch mit Zucker und Zimt bestreuen und für weitere 20 Minuten goldgelb backen.

Um diese Süßspeise noch zu veredeln, kann man dazu eine cremige Vanillesoße servieren. Auch mit etwas flüssiger Sahne schmeckt sie sehr gut.

Frühstückskuchen

Dies ist einer der einfachen „trockenen" Kuchen, die man in Thüringen gerne zum Morgenkaffee isst.

Zutaten für 4 Personen

500 g Mehl
130 g Zucker
½ TL Salz
100 g zimmerwarme Butter
250 ml Milch (zusätzlich etwas Milch für den Belag)
25 g Hefe
70–100 g Zucker

Zubereitung

1. Das Mehl sieben, 30 g Zucker und das Salz einstreuen sowie die Butter in Flöckchen dazugeben.

2. Die Milch leicht erwärmen, die Hefe hineinbröckeln, lauwarm verquirlen und einige Minuten abgedeckt stehen lassen. Anschließend beides nach und nach in das Mehl rühren und dabei kräftig schlagen. Zuletzt die Masse mit der Hand kneten und in einer mit Mehl bestäubten Schüssel 1 ½ bis 2 Stunden gehen lassen. Dann den Teig nochmals durchkneten.

3. Zuletzt rollt man den Teig auf einem gefetteten Blech aus und lässt ihn über Nacht stehen. Am nächsten Morgen den Backofen auf 180 °C (Umluft 160 °C) vorheizen. Den Kuchen mit Milch bestreichen, mit dem restlichen Zucker bestreuen und 15 Minuten backen. Frisch aus dem Ofen schmeckt der Kuchen am besten.

Weinäpfel
mit Maraschinokirschen

Ob Dessert oder köstliche Nascherei für zwischendurch – eine Gaumenfreude sind diese Äpfel allemal.

Zutaten für 4 Personen

4 große Äpfel
30 g Butter
Saft von 1 Zitrone
10 cl Weißwein
½ Glas Maraschinokirschen
50 g Sauerkirschmarmelade oder -konfitüre
Puderzucker
Zimt

Zubereitung

1. Die Äpfel schälen, vom Kerngehäuse befreien und in eine gebutterte Glasform setzen. Anschließend mit Zitronensaft und Weißwein begießen. Mit aufgesetztem Deckel und bei mittlerer Hitze ziehen lassen, doch die Äpfel nicht zu weich werden lassen.

2. Die Maraschinokirschen halbieren, mit der Konfitüre vermischen und in die Äpfel füllen. Das Ganze leicht mit Puderzucker und Zimt bestäuben und heiß servieren.

3. Anstelle der Maraschinokirschen eignen sich auch entsteinte Sauerkirschen, die mit etwas Weinbrand aromatisiert werden.

Suhler *Rahmkuchen*

Die thüringische Regionalküche ist vor allem für ihre gehaltvollen Kuchen berühmt. Dieser üppige Rahmkuchen ist auch nicht gerade Magerkost – schmeckt aber umso köstlicher!

Zutaten für 1–2 Bleche

Für den Teig:
500 g Mehl
50 g Zucker
1 Prise Salz
100 g weiche Butter oder Margarine
125 ml lauwarme Milch
30 g Hefe

Für den Belag:
1 l Milch
100 g Zucker
2 Päckchen Vanillepuddingpulver
800 g Sultaninen
3 Eier
3 EL Zucker
500 ml Crème double

Zubereitung

1. Für den Teig das Mehl sieben, den Zucker und das Salz einstreuen sowie die Butter in Flöckchen dazugeben.

2. Die Milch leicht erwärmen, die Hefe hineinbröckeln, lauwarm verquirlen und einige Minuten abgedeckt stehen lassen. Anschließend beides nach und nach in das Mehl rühren und dabei kräftig schlagen. Zuletzt die Masse mit der Hand kneten und in einer mit Mehl bestäubten Schüssel 1 ½ bis 2 Stunden gehen lassen. Dann den Teig nochmals durchkneten. Zuletzt rollt man den Teig auf einem gefetteten Blech aus und lässt ihn nochmals gehen.

3. Für den Belag aus der Milch, dem Zucker und dem Puddingpulver einen Pudding kochen, abkühlen lassen und auf den Teig streichen. Die Sultaninen waschen, abtrocknen und auf dem Puddingbelag verteilen.

4. Den Backofen auf 200 °C (Umluft 180 °C) vorheizen. Die Eier und 3 Esslöffel Zucker verquirlen, unter die Crème double rühren und die Sultaninen damit bedecken. Im vorgeheizten Backofen ca. 45 Minuten backen.

Bei dörflichen Festen wird der Erfolg häufig an der Menge und Güte der Kuchensorten gemessen. Die Folge ist ein wahrer Kuchenkult: Zur Kirmes oder Hochzeit werden dann schon einmal bis zu hundert Kuchen aufgefahren.

Rupfkuchen

Obwohl bei der Herstellung dieses Kuchens gezupft wird, heißt er Rupfkuchen. Als typischer Vertreter der thüringischen Kuchenbäckerei ist er besonders üppig belegt.

Zutaten für 1 Blech

Für den Teig:
500 g Mehl
30 g Zucker
½ TL Salz
100 g zimmerwarme Butter
250 ml Milch
25 g Hefe

Für den Belag:
500 ml Milch
1 Päckchen Vanillepudding
125 g Rosinen
100 g geschälte, gehackte Mandeln
2 Gläser herbes Obst, z. B. Sauerkirschen oder Stachelbeeren
250 g Kokosraspel
250 g Zucker
100 g Mehl
1 Ei
125 g Butter
500 g saure Sahne
Zucker oder Schokoladenguss

Zubereitung

1. Für den Teig das Mehl sieben, den Zucker und das Salz einstreuen sowie die Butter in Flöckchen dazugeben. Die Milch leicht erwärmen, die Hefe hineinbröckeln, lauwarm verquirlen und einige Minuten abgedeckt stehen lassen. Anschließend beides nach und nach in das Mehl rühren und dabei kräftig schlagen. Zuletzt die Masse mit der Hand kneten und in einer mit Mehl bestäubten Schüssel 1 ½ bis 2 Stunden gehen lassen.

2. Dann den Teig nochmals durchkneten, auf einem gefetteten Blech ausrollen und erneut ca. 2 Stunden gehen lassen.

3. Für den Belag aus der Milch und dem Puddingpulver einen Pudding kochen und abkühlen lassen. Die Rosinen und die Mandeln untermischen und die Puddingmasse auf dem Teig verteilen. Mit den Stachelbeeren oder den Sauerkirschen belegen.

4. Den Backofen auf 200 °C (Umluft 180 °C) vorheizen. Aus den Kokosraspeln, dem Zucker, dem Mehl, dem Ei, der Butter und der sauren Sahne eine Masse herstellen, von der kleine Häufchen „gezupft" und auf dem Obst verteilt werden. Im vorgeheizten Backofen 20–30 Minuten backen, bis er goldgelb gebräunt ist. Nach dem Erkalten mit Zucker bestreuen oder Schokoladenguss darüber träufeln.

Mit Stachelbeeren erhält der Kuchen eine feinherbe, säuerlich-fruchtige Note. Sie sind neben schwarzen Johannisbeeren und Holunder eine typische Beerenfrucht in den Gärten Thüringens.

Schittchen

Diese süßen Brote ähneln den allseits bekannten Weihnachtsstollen. Sie heißen in Mittelthüringen „Schittchen", was so viel wie „kleines Scheit" bedeutet.

Zutaten für 4 Personen

500 g Rosinen
2 EL Rum
1,5 kg Mehl
ca. 500 ml Milch
60 g Hefe
300 g Zucker
750 g Butter oder Margarine
250 g Mandeln
abgeriebene Schale einer unbehandelten Zitrone
1 TL Salz
50 g Butter
Puderzucker

Zubereitung

1. Die Rosinen mit dem Rum beträufeln. Das Mehl auf eine bemehlte Arbeitsfläche geben und in die Mitte eine Mulde drücken. 250 ml lauwarme Milch und 1 Esslöffel Zucker mit der Hefe verrühren, in die Mulde gießen und mit etwas des umgebenden Mehls vermischen.

2. Wenn der Vorteig leicht gegangen ist, mit dem restlichen Mehl, der Milch, dem Zucker und der Butter zu einem Teig verarbeiten, mit einem Tuch abdecken und gut gehen lassen.

3. Dann nach und nach alle Zutaten hineinkneten, wieder gut gehen lassen und nochmals durchkneten. Den Backofen auf 190 °C (Umluft 170 °C) vorheizen. Den Teig zu „Schittchen" formen und ein weiteres Mal gehen lassen. Danach im vorgeheizten Backofen ca. 1 Stunde backen. Zum Schluss noch mit zerlassener Butter bestreichen und mit Puderzucker bestreuen.

In der thüringischen Stadt Naumburg wurden die „Schittchen" 1329 zuerst erwähnt. Damals erhielten die Naumburger Bäcker das Recht, eine Bäckerinnung zu gründen und das Privileg, ein Stollengebäck herzustellen.

Schneewittchen-kuchen

Dieser verführerische Kuchen ist andernorts auch unter dem Namen „Donauwelle" bekannt. Wie man ihn auch nennen mag – sicher ist, dass einem bei seinem Anblick das Wasser im Mund zusammenläuft!

Zutaten für 1 Blech

Für den Teig:

300 g weiche Butter oder Margarine
300 g Zucker
5 Eier
300 g Mehl
1 Päckchen Backpulver
50 g Kakao
2 Gläser Sauerkirschen ohne Kerne

Für die Creme:

1 Packung Vanillepuddingpulver
500 ml Milch
50 g Zucker
150–250 g weiche Butter
Schokoraspeln nach Belieben

Zubereitung

1. Die Butter oder Margarine schaumig rühren, nach und nach den Zucker und die Eier dazugeben. Das gesiebte Mehl mit dem Backpulver vermischen, dazugeben und alles gut zu einem Teig verrühren. Die Hälfte des Teigs mit dem Kakao mischen.

2. Den Backofen auf 180 °C (Umluft 160 °C) vorheizen. Auf ein gefettetes Blech mit hohem Rand zuerst den Kakaoteig, dann den restlichen Rührteig streichen. Die Kirschen gut abtropfen lassen, den Teig damit belegen und 40–45 Minuten backen.

3. Das Puddingpulver nach Packungsanweisung mit der Milch und dem Zucker zu einem Pudding verarbeiten. Die Butter cremig rühren und mit dem abgekühlten Pudding vermischen. Achtung: Die Butter und der Pudding müssen die gleiche Temperatur haben. Nach dem Erkalten den Kuchen mit der Buttercreme bestreichen und mit Schokoraspeln garnieren.

Weiß wie Schnee, rot wie Blut und schwarz wie Ebenholz – offensichtlich trägt dieser leckere Kuchen seinen Namen zu Recht! Die Thüringer hatten schon immer einen ausgeprägten Sinn für Romantik, wie man an den vielen überlieferten Märchen und Sagen erkennen kann.

KAKAO

Zwetschgenkuchen mit Leinöl

Dieses Rezept darf in keinem thüringischen Kochbuch fehlen, denn der Zwetschgenkuchen wurde und wird zu Festen wie Hochzeiten oder Kirmes fast erwartet.

Zutaten für 4 Personen

125 ml Milch
500 g Weizenmehl
5 g Hefe
200 g weiche Butter
oder Margarine
200 g Zucker
2 Eier
1 Prise Salz
1 kg Zwetschgen
50–100 ml Leinöl
Zucker zum Bestreuen

Zubereitung

1. Wie unten in der Schritt-für-Schritt-Anleitung beschrieben einen Hefeteig herstellen. Den Hefeteig gut durchkneten und ca. 1 cm dick auf einem gut gefetteten Kuchenblech ausrollen.

2. Den Backofen auf 180 °C (Umluft 160 °C) vorheizen. Die Zwetschgen waschen, abtrocknen, entsteinen und in Viertel schneiden. Den Hefeteig mit den Vierteln belegen und mit dem Leinöl beträufeln. Den Kuchen dann ca. 35–40 Minuten backen und zum Schluss mit Zucker bestreuen.

In die Mitte des Mehls eine Mulde drücken und die zerbröckelte Hefe sowie die Milch hineingeben.

Mit ein wenig des Mehls zu einem Vorteig verrühren und gehen lassen.

So sieht der Vorteig aus, wenn er gegangen ist.

Die restlichen Zutaten hineingeben, alles verrühren und erneut gehen lassen.

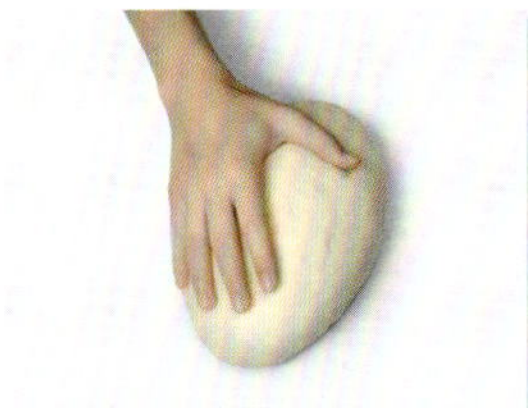

Zum Schluss den Teig mit den Händen bearbeiten.

Rahm-streuselkuchen

Dieser Kuchen gehört in Thüringen zur Kategorie der „trockenen" Kuchen, obwohl er kein bisschen trocken ist.

Zutaten für 4 Personen

Für den Teig:

500 g Mehl
50 g Hefe
100 g Zucker
125 ml lauwarme Milch
1 gestrichener TL Salz
1 Päckchen Vanillezucker
etwas Abrieb einer unbehandelten Zitrone
150 g weiche Butter oder Margarine

Für die Streusel:

250 g Butter
200 g Zucker
350 g Mehl
1 Päckchen Vanillezucker
1 Prise Salz
1 Prise Backpulver
250 g saure Sahne
Puderzucker

Zubereitung

1. Einen Hefeteig zubereiten (siehe Seite 71) und gut gehen lassen. Auf einem gefetteten Blech ausrollen und mit einer Gabel mehrmals anstechen. Dann mit etwas Milch bestreichen.

2. Die Zutaten für die Streusel miteinander vermengen und die Masse gleichmäßig auf dem Teig verteilen. Den Backofen auf 200 °C (Umluft 180 °C) vorheizen. Den Kuchen nochmals gehen lassen und ca. 20 Minuten backen.

3. Nun den Kuchen herausnehmen und sofort die saure Sahne darüber geben. Den Kuchen weitere 5 Minuten backen und nach dem Erkalten mit Puderzucker bestreuen.

Wenn Sie diesem Rezept einen besonderen Pfiff verleihen möchten, fügen Sie den Streuselzutaten einfach eine Prise Zimt hinzu.

ZUCKER

NUDELN

Honignudeln
mit Mohn und Äpfeln

Dieses raffinierte Rezept kombiniert Honig, Mohn, Nudeln, Äpfel und weitere Zutaten so, dass schon das Auge mitisst.

Zutaten für 4 Personen

12 Maraschinokirschen
1 EL Honig
400 g gekochte Nudeln (möglichst hausgemacht)
30 g gemahlener Mohn
50 g Sultaninen
2 mittelgroße Äpfel
Saft von ½ Zitrone
80–100 g geschlagene Sahne

Zubereitung

1. Die Hälfte der Kirschen halbieren. Den Honig mit ein wenig Wasser verdünnen und mit den Nudeln, dem gemahlenen Mohn, den halbierten Kirschen und den Sultaninen locker vermischen. Die Nudeln danach in eine Glasschüssel füllen.

2. Die Äpfel waschen, entkernen, vierteln und dann raspeln. Die Apfelraspel mit dem Zitronensaft beträufeln und auf die Nudeln geben.

3. Als Abschluss vollenden einige Tupfer geschlagene Sahne und eine aufgesetzte Maraschinokirsche die Süßspeise.

Die angegebenen Maraschinokirschen können auch durch frische Beeren ersetzt werden. Die Honignudeln erhalten dann eine noch fruchtigere Note.

Sommerliche
Tomatenkaltschale

Ein Dessert der etwas anderen Art: Überraschen Sie Ihre Gäste doch einmal mit dieser leicht alkoholischen Kaltschale!

Zutaten für 6 Personen

100 g Reis
2 kg gut ausgereifte Tomaten
80–120 g Zucker
1 Msp. Zimt
10 Nelken
Schale einer unbehandelten Zitrone
1 Flasche Weißwein oder Apfelwein
40 g Speisestärke
½ Flasche Schaumwein

Zubereitung

1. Den Reis körnig kochen und kalt stellen.

2. Die Tomaten gut waschen und den Stielansatz entfernen. Anschließend mit Wasser bedeckt unter Zugabe von etwas Zucker – je nach Geschmack –, dem Zimt, den Nelken und der Zitronenschale zerkochen lassen. Danach durch ein feines Sieb streichen und mit dem Weiß- oder Apfelwein auffüllen. Das Ganze kurz aufkochen, mit der Speisestärke leicht sämig binden und dann kalt stellen.

3. Vor dem Anrichten noch einmal abschmecken, mit dem Schaumwein versetzen und in gekühlten Gläsern mit dem Reis als Einlage servieren.

Einige Spritzer Kirschlikör und ein Tupfer süßes, steif geschlagenes Eiweiß werten dieses sicher nicht alltägliche Dessert optisch und geschmacklich auf.

Register

SIGLOCH EDITION

Dieses Buch des Autors Werner Herrmann ist ursprünglich in der erfolgreichen Buchreihe „Kulinarische Streifzüge" der Sigloch Edition erschienen, wurde von uns aktualisiert und damit zu neuem Leben erweckt.

Genehmigte Lizenzausgabe
EDITION XXL GmbH
Industriestraße 19
64407 Fränkisch-Crumbach 2020
www.edition-xxl.de

Projektleitung: Sonja Sammüller
Layout, Satz und Umschlaggestaltung:
design cat GmbH

ISBN 978-3-89736-844-6

Bildnachweis:
Shutterstock: 5PH 53; Aleksandrs Samuilovs 21; Anna Kucherova 26, Anna Kucherova_ 26; Annette Shaff 63; Anton Starikov 58; arigato 2–79; beats1 70; Bernd Juergens 32; bonchan 18; canadastock 3; Curly Pat Cover, 1–79; Dariia Belkina 17; Dmitriy Gutkovskiy 46; Gayvoronskaya_ Yana 72; jiangdi 54; manulito 13; Mattis Kaminer 67; Milos Batinic 9; Nicoleta Ionescu 68; Oxie99 14; Pusteflower9024 37; Roman Samokhin 64; Shulevskyy Volodymyr 76; stockcreations Cover; Tashsat 2–79; Trong Nguyen 75

design cat GmbH, SIGLOCH EDITION: Cover, 2–8, 11, 12, 15, 16, 19, 20, 23, 24, 27–31, 33–36, 39, 40, 42–45, 47–52, 55–62, 65, 66, 69, 71, 73, 74, 77